正向性格修煉術

堅持下去就能實現夢想！

深谷圭助 編著

新雅文化事業有限公司
www.sunya.com.hk

大家好！
咦，怎麼有幾個沒精打采的
孩子在這裏？

温柔小子

對任何人都很温柔的男孩子，可是他也有懦弱的地方，就是很容易放棄。

認真小子

做不到完美就不滿意的男孩子，只要有一點點不順利，就會選擇中途放棄。

即使他們決定堅持去做某件事，卻會因為未能堅持到底而情緒低落，或是擔心被人責備。

厭倦小妹
充滿好奇心的女孩子，舉凡接觸新事物，就會把之前堅持做的事情拋諸腦後。
新的看來就是比較有趣嘛！

仔細看的話，
就會發現他們身邊
都有一隻長得好像
魷魚的生物！
放棄啦！
算了！
魷魚～魷魚～別在意！
想看電視莫猶豫！
魷魚～
勤無功，戲有益！

這隻生物名叫「算啦魷魚」，平日會隱藏在人們內心之中，一旦有人開始為自己找藉口，他就會立即現身，在耳邊喃喃地說：「算了吧！」

偷懶算吧！

算吧，什麼都不要做了！

魷魚～
堅持是～
多餘～

不論是怎樣的人，心裏都會有一隻「算啦魷魚」。那麼，能夠堅持的人和無法堅持下去的人有什麼不一樣呢？

堅持師姐
人人崇拜的師姐，她連續 3 年在全國網球大賽中獲得第一名，渾身散發着閃爍的光芒！
咦！

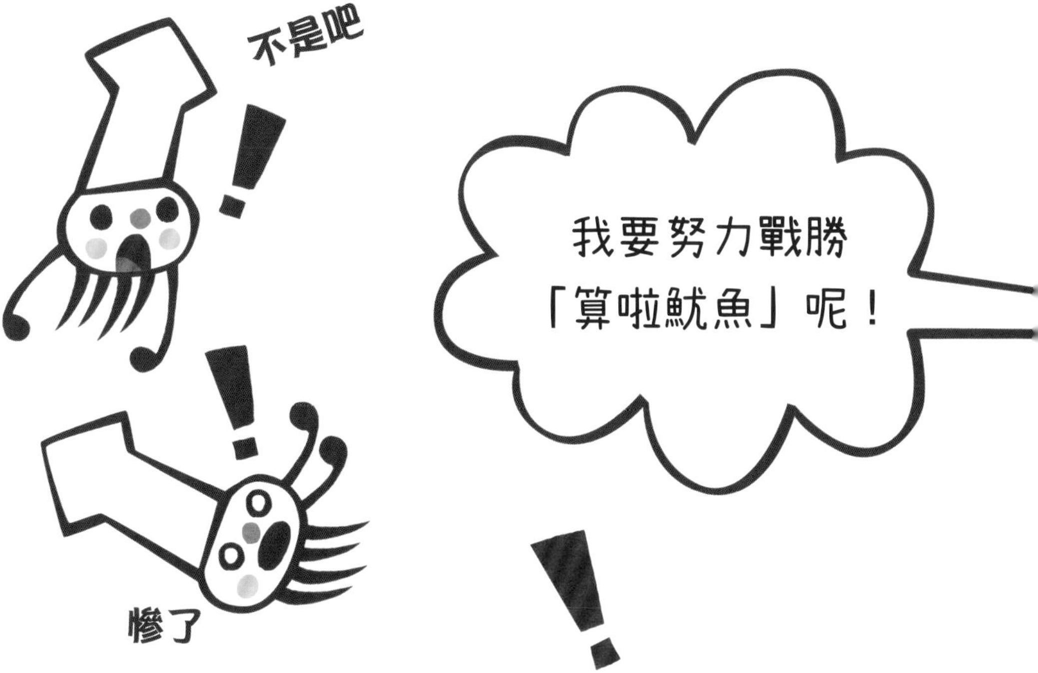

真相只有一個！
那就是能夠堅持的人
擁有戰勝「算啦魷魚」的
本領呢！

戰勝「算啦魷魚」的本領到底是怎樣的東西呢？

不用擔心，這些方法並不困難，你也可以做到的。

現在，我們一起來學習學習吧！

編者的話

「不論做什麼都會半途而廢。」

「馬上就會感到厭倦啊！」

假如你被這本書的書名——《堅持下去就能實現夢想！》——吸引住，大概都曾經為上述兩件事情煩惱過。

書中會有3個角色登場，分別是溫柔的、認真的和好奇心旺盛的小孩。這幾個孩子各有不同的性格（劇透：說不定還有跟大家個性相似的小孩！），而他們三人都跟你一樣，對自己無法貫徹始終感到十分苦惱。

那麼，為什麼總是不能堅持下去呢？大家有想過當中的理由嗎？

難道是因為「不夠努力」或「沒有能力」嗎？或許會有人這樣想，但毅力其實與努力和能力沒有太大關係。

這本書正是圍繞3個小孩追尋「為什麼堅持不了」的答案而開展。

三人的性格不盡相同，自然各有難以堅持下去的理由。如果你找到那個理由的話，就能獲得掌握堅持能力的提示了。

書中將會介紹很多助你堅持到底的技巧，請大家務必找出適合自己的方法。只要順利應用起來，相信你也可以變身成堅持不懈的人呢！

深谷圭助

目錄

第2章 【勉強期】勇敢踏出第一步吧！

第3章 【堅定期】為了堅持下去，來訂立計劃吧！

第4章 【厭倦期】克服最後的障礙吧！

第1章

為什麼無法堅持下去？

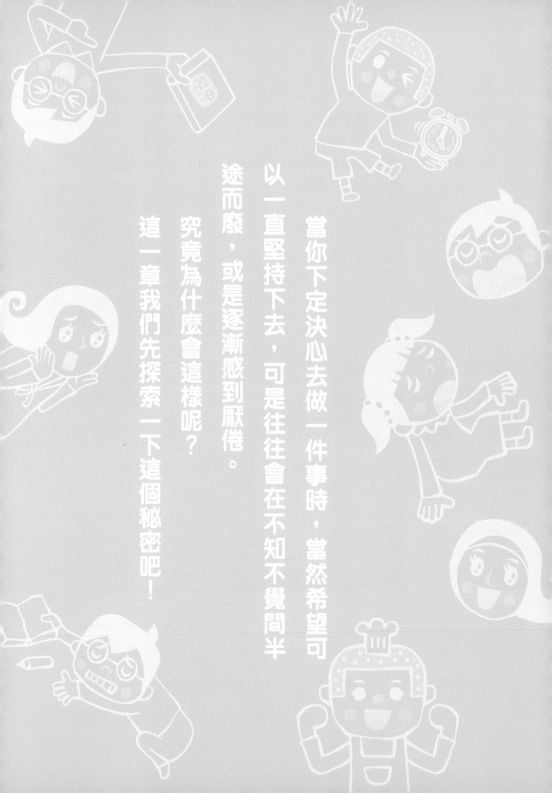

當你下定決心去做一件事時，當然希望可以一直堅持下去，可是往往會在不知不覺間半途而廢，或是逐漸感到厭倦。

究竟為什麼會這樣呢？

這一章我們先探索一下這個秘密吧！

如果堅持不了會變成怎樣？

不管是學習還是運動，想必你也從父母或老師口中聽過「堅持是十分重要的」、「請你堅持到底」這些話吧！

可是，為什麼他們要這麼說呢？你知道當中的理由嗎？

假如一個小孩始終無法學會堅持，長大成人後究竟會變成怎麼樣呢？

這個芭蕾舞蹈員沒有堅持練習，結果在正式演出時失敗了，令觀眾十分失望。

這個空中服務員當初沒有堅持學習英文，結果她不明白乘客的提問而畏首畏尾。

這個飼養員沒有持續每天
給動物們餵飼料，使牠們
的肚子餓得不得了！

這個科學家沒有持續進行研究，結果因數據不足而導致實驗失敗。

圖中各個人物全因為做事有頭無尾，結果在重要關頭出醜，又未能好好工作以致為別人添麻煩，甚至在做實驗時引起大爆炸！

總而言之，堅持不了往往會衍生出一些令人困擾的事情。

那些在成長中不斷半途而廢的大人，相信他們現在一定相當後悔，心裏時刻埋怨：「唉，如果當初沒放棄，一直堅持下去就好了！」

從現在開始試着堅持

溫柔小子決定天天都要早點起牀。

「每天收拾房間吧！」「從今天起，每天都幫別人做一件事吧！」

你曾經有類似的情況，下定決心從今以後要堅持做些什麼嗎？

厭倦小妹決定每天都要帶寵物小狗去散步。

認真小子決定每晚臨睡前都要寫日記。

三人似乎都訂立了適合自己的目標呢！

他們往後能堅持下去嗎？

那就拭目以待吧！

人人都有各自的理由

哎呀，大家一開始明明滿懷鬥志，到了後來卻沒法堅持下去。

究竟是什麼時候放棄的呢？為什麼會就此放棄？

只要窺探大家的內心，就會發現他們失去幹勁的原因其實各有不同。

說來話長呢！
早上多睡一會對身體或許更好……

溫柔小子才剛訂立好目標，卻在實行前已經放棄了。

似乎好
辛苦呢！
每天重複做相同的事很累人……
厭倦小妹雖然堅持了好
一陣子，可是不斷做相
同的事令她生厭。
昨天竟然忘了寫日記，我撐不下去了……
認真小子難得展開行動，卻
因為一天沒寫日記就失落沮
喪，最終選擇了放棄。

各人無法堅持的原因隱藏着不同的性格

就結果看來，人人都是一樣的。可是，為什麼放棄的理由卻各有不同呢？

那是因為他們的性格截然不同，即使大家都有「不如算了吧！」或「撐不下去了！」的想法，原因也不盡相同。

那麼，三人不能堅持下去的原因跟他們的性格有何關連呢？讓我們一起看看吧！

堅持師姐提提你

性格就是這回事！

- 「性格」是一個人與生俱來的特性，就像人們內心的習慣。
- 即使做同一件事，大家的感受或行動也不一。這就反映出每個人都有着不同的「性格」！
- 自己可能察覺不到「性格」，反而從他人眼中容易發現。

温柔小子的性格：謹慎型

温柔小子做任何都相當小心謹慎，即使決定了仍然會思前想後，想出無數個「還是〇〇比較好」，這可見他處事優柔寡斷。

聽聽★★選手心底話
我最喜歡睡覺。
我也是！
嚓
既然那個人也這樣說，我多睡一點可能會更好。
ON
OFF

原來如此，所以我才會放棄早起的。
嗯嗯
不行啊！

在開始行動前，就反覆思量着會不會有其他可能，最終令自己陷入迷茫，甚或決定放棄。

這種想法屬於「謹慎的性格」。

認真小子的性格：完美主義型

認真小子總是追求完美！一旦決定做的事情未能完美地進行，他很快便會失去動力。

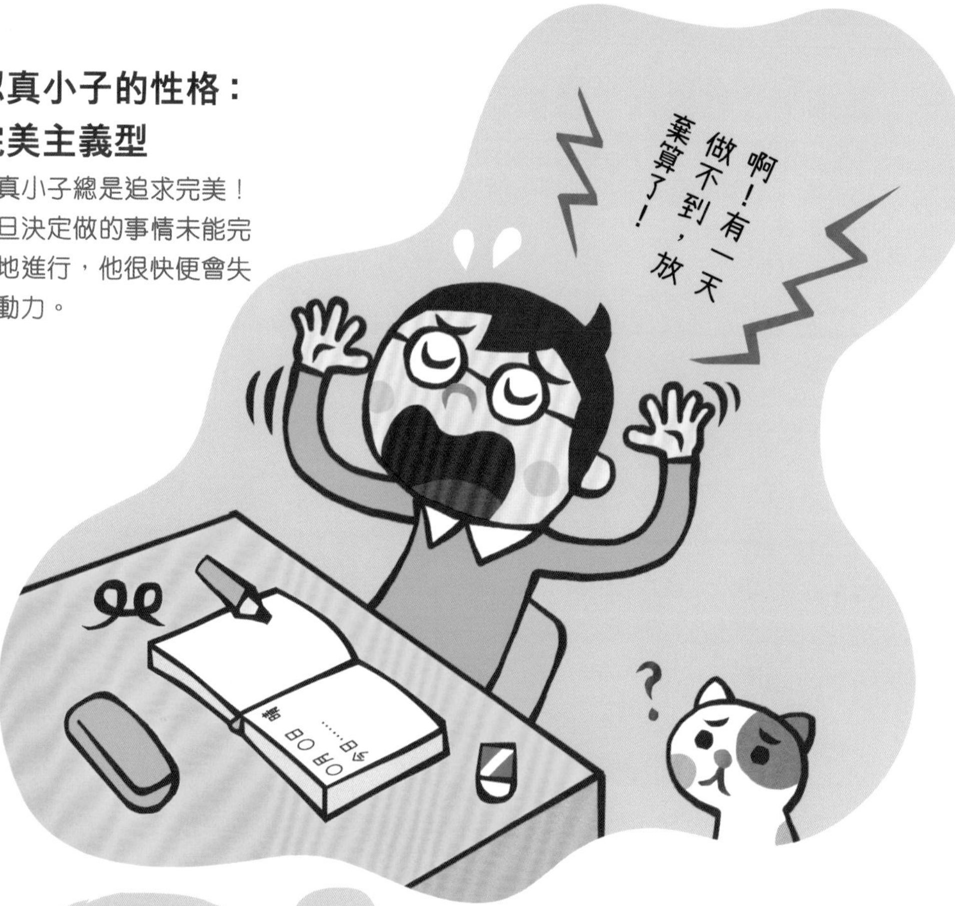
啊！有一天做不到，放棄算了！

原來如此！所以我才會覺得日記已經寫不下去了。

如果事情發展未如理想，就會開始感到厭煩，甚至選擇放棄。

這種想法屬於「完美主義的性格」。

厭倦小妹的性格：好奇心旺盛型

厭倦小妹很容易對新事物感興趣，但往往只是 3 分鐘熱度，很快又會被其他新事物吸引過去。

啊！是新開的店呢！
痛！
使勁拉

只要有新鮮或有趣的事物出現，就忍不住不斷關注。這種想法屬於「好奇心旺盛的性格」。

厭倦了吧

噢，原來如此！所以我才會感到厭倦呢！

這樣看的話，便會明白到不能堅持下去的原因跟一個人的性格大有關連。

最重要的是堅持下去的「技巧」！

既然不能堅持下去的原因跟性格有關，那是不是說為了學習堅持，我們不得不改變自己的性格？

絕對沒有這回事！因為每個人的性格都有很多很好的地方呀！

那麼，該怎樣改善才好呢？

不論是什麼性格的人，偶爾也會有「算了吧！」的想法。這些時候，能夠堅持的人就會運用配合自己性格的「技巧」來解決。

來吧！只要繼續看下去，就能掌握堅持能力了！

好好堅持下去，未來將會一片光明！

「堅持」這件事背後，其實蘊藏着強大的力量。

起初或許會感到辛苦，但隨着你做到的事情越來越多，就好像把累積的經驗不斷相乘，然後一口氣爆發出無窮力量！除了預期的成果外，你甚至能走到一開始完全沒有想過的奇妙境界。

透過堅持而成功的經驗會成為你的動力，接連不斷地推動着你向前，這就是所謂「堅持的魔法」！

每天都要幫忙做菜！
嘩！好像很美味呢！
不斷更新相片！
GENTLE ○月○日
TARO 好味！
ROCK 很想吃呢！
hara 讚！

逐一累積做到的菜式！

將做好的菜式發布至網絡！

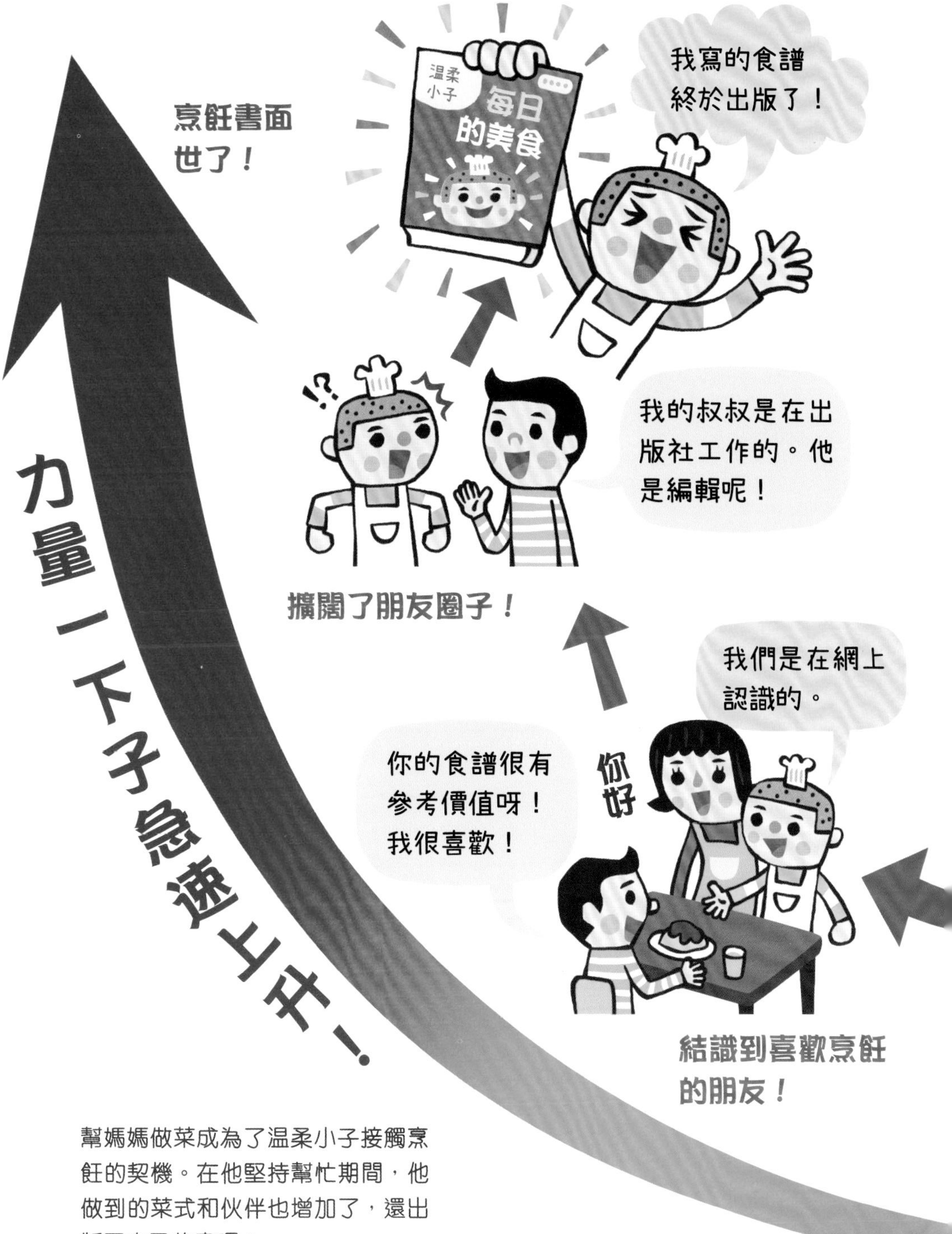

幫媽媽做菜成為了溫柔小子接觸烹飪的契機。在他堅持幫忙期間，他做到的菜式和伙伴也增加了，還出版了自己的書呢！

來發射「習慣火箭」！

我們並不需要下定決心每天刷牙，自自然然就會這樣做。這是因為你已經養成了刷牙的「習慣」！起初覺得麻煩的事一旦成為習慣，做起來便會變得很輕鬆。

② 堅定期
這個階段會拚盡全力，努力做到最好。
① 勉強期
每次都要花精力說服自己去做，這個階段很容易萌生放棄的念頭。
「習慣火箭」發射！雖然旅途艱辛，但不要認輸呀！
計劃好再繼續努力吧！

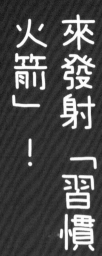

慘了~
難得堅持到這個地步，再想辦法努力吧！
已經成為習慣了，十分輕鬆呀！

❸ 厭倦期

這個階段會忘記當初的新鮮感，對堅持的事情感到厭倦，逐漸缺乏動力。

❹ 輕鬆期

堅持的事情已經成為習慣，到了這個階段，不必刻意去做也能自然做到。

施展「堅持魔法」的條件就是跨越第1至3個階段，再把堅持的事情變成習慣。

就好像從地球飛往宇宙的火箭一樣，最初需要極大的能源，其後卻只需要少量燃料便能持續飛行。

好習慣是你一生的寶物，不如你也來發射「習慣火箭」吧！

請好好了解自己的弱點！

在發射「習慣火箭」前，先想想自己最容易在哪個階段碰壁。

是不是很難踏出第一步，在「勉強期」就想放棄？還是在開始適應的「堅定期」時不小心鬆懈起來，因而生起放棄的念頭？抑或到達「厭倦期」後漸漸生厭，動力大大降低，並開始

算啦死光
昨天一不留神便偷懶了，索性放棄吧。
日記

認真小子要多加注意開始適應的「堅定期」。這時候若遇到一些影響計劃的狀況，就會很想放棄。

算啦死光
還是放棄早起，多睡一會吧。

温柔小子在開始行動前已想過無數次「還是」、「可是」等，容易在「勉強期」受挫。

關注其他事物？

在哪個階段較易遭遇挫折可說因人而異，可是當你知道自己的弱點後，就得對症下藥，準備好適合自己的「堅持技巧」來應對！

接下來請閱讀第2章，一起學習在哪些時候需要使用哪些技巧吧！

今天又要帶狗散步嗎？真麻煩呢……
唉
?
各位，這是大危機呀！快點來學習堅持下去的技巧吧！
算啦
死光
厭倦小妹起初樂在其中，但擔心她不斷重複做相同的事情會陷入「厭倦期」。

第2章

【勉強期】勇敢踏出第一步吧！

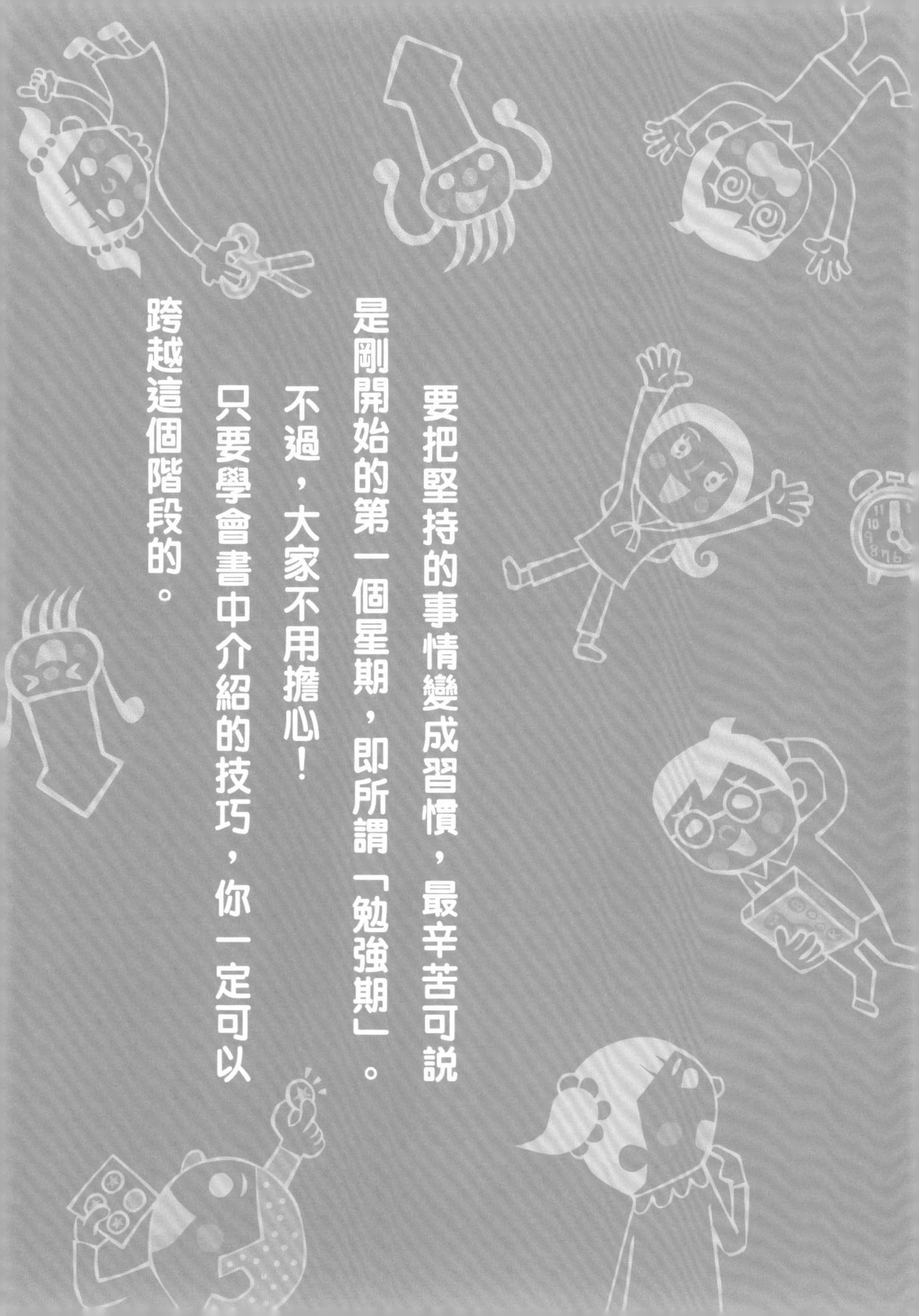

要把堅持的事情變成習慣，最辛苦可說是剛開始的第一個星期，即所謂「勉強期」。

不過，大家不用擔心！

只要學會書中介紹的技巧，你一定可以跨越這個階段的。

具體地訂立遠大的目標

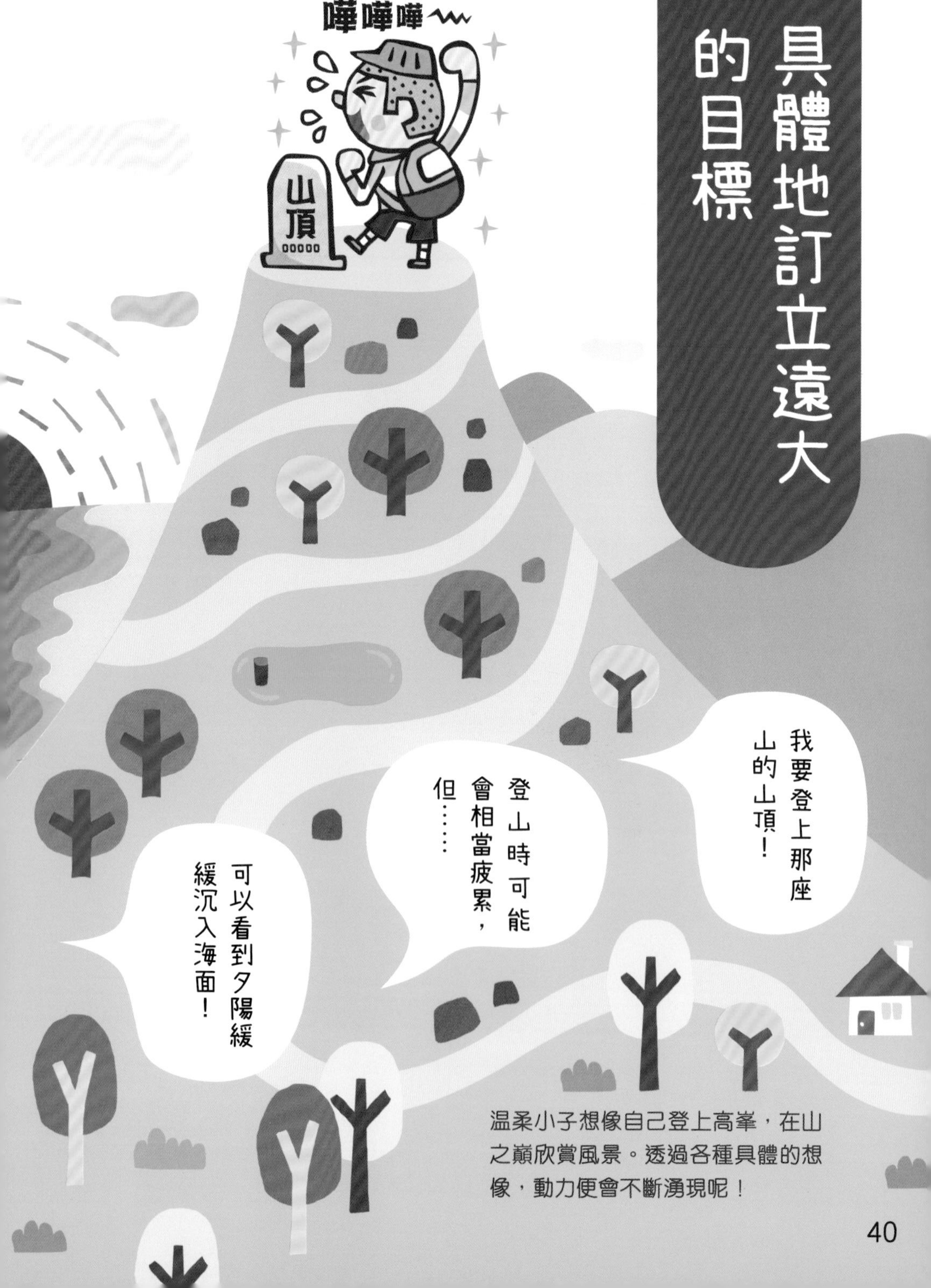
嘩嘩嘩
山頂
我要登上那座山的山頂！
登山時可能會相當疲累，但……
可以看到夕陽緩緩沉入海面！

溫柔小子想像自己登上高峯，在山之巔欣賞風景。透過各種具體的想像，動力便會不斷湧現呢！

即使有「我要登山！」的想法，但是尚未決定目的地的話，就會擔心不知走哪條路才好，或是為要走多少時間而苦惱。相反，只要事先決定好目的地，就可以昂首挺胸地邁步向前了。

同樣道理，當你開始去做一件事之前，也需要訂立一個明確的目標。無論是多遠大的目標也沒問題，最重要是你得盡量具體地想像當中的細節。當你清晰地看到自己的目標，就能成為你堅持下去的動力呢！

我絕對會努力的！
很感動呢！我可能會哭起來！

把大目標分拆成小目標！

目標越遠大，就越難達成，花的時間當然也越長。真的很辛苦呢！那麼，我們該怎麼辦才好呢？

當你訂下一個遠大的目標後，接下來必須思考現在可以做些什麼。例如想想「今個月一定要做的事」、「下個月一定要做的事」等，把整個長長的過程攤分成不同階段，再逐一為每個階段訂立小目標。

萬事起頭難，但只要訂立好小目標，就知道該如何踏出第一步了。
發布會
7月
6月份
5月份
4月份
一下子無法彈奏全首樂曲，將樂曲分成幾部分來練習吧！
剪
剪
剪

厭倦小妹已經決定好在發布會彈奏什麼樂曲，於是她把樂曲分成幾部分來練習。

決定好「三做」：做什麼？做多久？做多少？

想好好訂立目標及每天要做的事是有秘訣的，那就是「做什麼」、「做多久」和「做多少」這三大重點。

須預先決定的「三做」

❶ 做什麼？

指可以立即開始做的事情，例如「跳繩」比起「鍛煉身體」具體得多，也更加容易實行。

❷ 做多久？

訂立目標並非「越快越好」，而是要具體列出預算達成目標的時間，例如「〇月〇日前完成」。早早決定好每件事情要做多久，會使你更容易堅持下去。

❸ 做多少？

指用數字表示實際需要做的分量，而不是用「很多」或「少許」這些約數，例如以「10次」、「5分鐘」來計算。

目標

1 做到二重跳。

2 在這一年內達成。

3 能夠跳 10 下。

每天要做的事

1 練習二重跳。

2 在吃晚飯前練習。

3 每次練習 5 分鐘。

我決定從今日開始好好努力！
挑戰者：認真小子

認真小子為了克服自己不擅長的跳繩，明確地決定好「做什麼」、「做多久」、「做多少」這三大重點。

這樣做的話，就可以立即開始實行，也較容易判斷自己「做得到」還是「做不到」。

建議大家把目標和每天的計劃寫在紙上，然後張貼於當眼位置，時刻提醒自己！

「勉強期」的口號：首先是4天！

一旦朝目標開展行動，第一個襲來的危機就是「3分鐘熱度」！

世界上可是有很多人不管做什麼事，3天就會選擇放棄。不過，這並不代表你的意志力薄弱，而是因為人類的腦部構造比較特別。

當你的生活出現變化時，腦部會意識到這跟平常不同。為了變回「正常」，腦部會使你對新事物產生「很厭惡」、「不想做」等感覺。

第1日
跟平常不一樣！
腦
好累……
第2日
跟平常不一樣！
真麻煩……
腦

温柔小子決定「每朝做早操！」，不過一開始覺得很麻煩呢……

以上這種情況屬於「勉強期」的階段，然而只需要大約4天，腦部的感受便開始轉變，能夠將「新事物」變成「日常事物」了。

是平常的事情呢！
第4日

這裏是分界線！
跟平常不一樣！
腦
第3日
好辛苦呀……

努力堅持 4 天的話，身體就會變得輕鬆起來，因為早上做早操已經變得平常了呢！

「不圓滿」反而剛剛好

要腦部完全習慣你堅持的事情，大約需要1星期。

處於「勉強期」的這星期最重要的，就是相信自己

明天的分量
我也想收拾這裏……
明天再收拾吧，真期待！

厭倦小妹決定收拾房間，但她決定分批整理，而不打算一次全部收拾好。

做得到！哪怕每天完成的分量很少也不要緊，只需要按計劃天天做。

即使你想快點達成目標，也要忍耐一下。當你懷着「不圓滿」、「想做更多」的心情罷手，就可以將動力延續到下一天。

這樣決定每天的分量吧！

- 以「這樣我絕對可以完成」的標準去設定適合自己的分量。
- 設定的分量若教人覺得不夠圓滿，就可以令你更期待下一次呢！

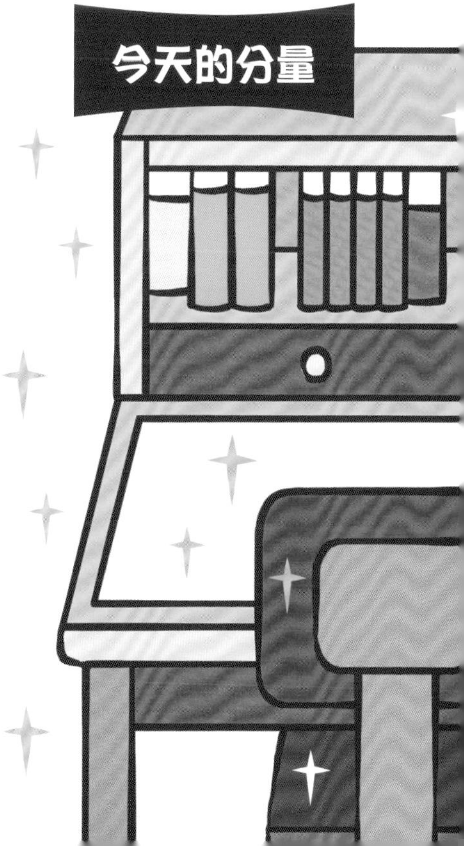

「三心兩意」是失敗的根源

認真小子想做的事情有很多，即使全部一併去做，也不見得會順利。因此不用焦急，逐項逐項來開始吧！

你的腦海中是不是常常浮現出很多想做的事情？像是「很想堅持那件事」，或是「很想建立這個習慣」。

不過，同時開展幾件事是失敗的根源啊！因為一開始的「勉強期」是最艱難的階段，絕對不能夠三心兩意，一心多用。

請你不要焦急，只須堅持1至3個月，便會漸入佳境。當你進入了「輕鬆期」，就可以嘗試做另一件事啦！

我想補習社的
預習做到完美！
我要看很多
很多圖書！
嘩，我不行了……
放棄吧！

待一件事成為習慣後，才去開展新的事情，這就是增加習慣的秘訣！

比起「快點做」，不如選擇「天天做」！

如果你能堅持做同一件事2至3日，也許會感到很滿足，因而產生「不如把明天的分量今天做吧！」這種想法。

的確，假如像暑期作業那樣會有做完的時候，早日完成談得上是件好事。

今天多散步一會，完成明天的分量吧！

厭倦小妹本來決定每天帶小狗散步，但她似乎打算「今天一併完成兩日的分量，明天就可以偷懶了。」這樣做可難以養成習慣呀！

可是，如果那是不會完結，還得透過堅持形成習慣的事情，就不可以操之過急了！因為你必須每天不斷重複做相同的事情，腦部才會開始慢慢認定這是平常的事。

相比起「快點做」，請你優先選擇「天天做」吧，這是讓你能夠長久堅持的秘訣呢！

明天的散步還是明天做吧，汪汪！
嗚嗚

記錄下來，將「完成了」變具體

其實還有其他技巧可以助你克服「勉強期」！那就是將做到的事情清晰記錄起來，讓人一目了然。

4
11
12
18
19
20
25
26
2
3
貼在客廳的月曆上，就每天都看得到。
讓家人看到的話，可以提升動力呀！

堅持師姐
提提你

記錄表要容易看到，又容易記下！

- 盡量用簡單的方法作記錄，例如只在做到的時候貼貼紙。
- 將記錄表放在容易看見的地方。
- 將貼紙（筆或印章也可）放在記錄表附近。

20XX
31 1 2
7 8 9
14 15 16
21 22 23
28 29 30

溫柔小子在客廳的月曆上貼上貼紙，將做到的事情變成具體看到的東西，令人一清二楚。

如果完成了就簡簡單單地結束，你未必能夠獲得實實在在的成功感。但當你把成果記錄下來，就會確切體會到自己「真的做到了！」，自信也會隨之增加，同時提高士氣，令你堅持明天繼續做！

準備好貼紙，放在月曆附近。

儘管只是踏出一小步，願意行動就好了。
雖然今天沒有看書的內容……
但我看了書的封面呢！
BOOK
パチ
有接觸到書本已很厲害啦！
看封面也是閱讀呀！
啪
啪
啪
啪
啪

也許你偶爾會無法順利完成當天的目標。這些時候，請不要把焦點落在「你做不到什麼事」上，反而關注「你做到了什麼事」。

在「勉強期」中最重要的是「每天堅持行動」！只要你願意踏出一小步，就代表你試着堅持，而非原地踏步。即使未能做到完美，仍能印證你做到了，這絕對是可以記錄下來的成果啊！

認真小子決定每天閱讀圖書，雖然今日因為太忙碌而未能閱讀書中內容，但他坐下來認真看了書的封面呢！

堅持師姐提提你

將消極的想法轉換成鼓勵吧！

- 「只看了封面」這說法真叫人洩氣，建議說成「看完了封面」，提高士氣！

- 將消極的想法轉換成鼓勵，也是令人堅持下去的技巧呢。

失敗了也不要緊！

温柔小子決定比平日早兩小時起牀，可是他太睏了，以致連續兩天也無法堅持。

這個目標對我來說好像程度太高了……
很睏……
鈴鈴鈴……
算啦

高
程度
低

要脫離「勉強期」對誰來說都是十分困難的事，也難免會有失敗的時候。可是，大家毋須因此而放棄啊！

在「勉強期」經歷失敗時，你需要重新評估每天安排的分量是不是太多或太少。如果目標的程度太高或太低，那就得再次設定一個適合自己的分量。

這樣除了能讓你反思自己不能堅持下去的原因外，同時是了解自身弱點的好機會。失敗並不是什麼壞事，重要的是別輕言放棄，再接再厲去挑戰！

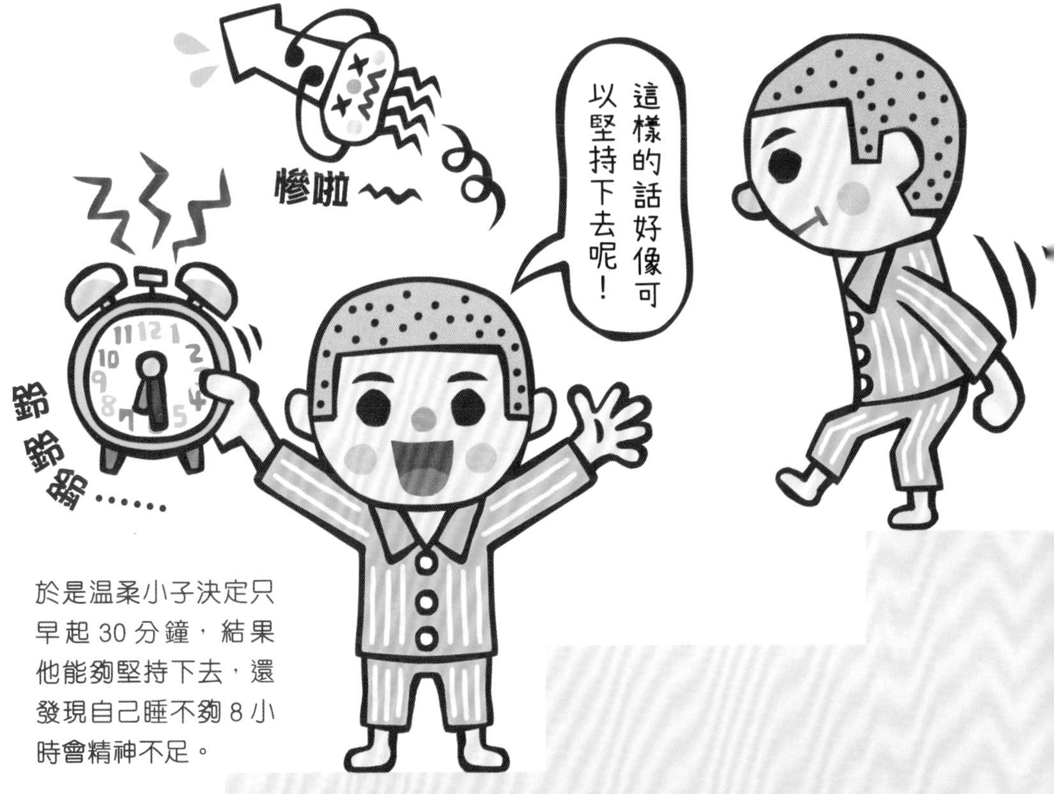
慘啦～
這樣的話好像可以堅持下去呢！
鈴鈴鈴……

於是溫柔小子決定只早起 30 分鐘，結果他能夠堅持下去，還發現自己睡不夠 8 小時會精神不足。

仔細覺察小小的變化

這星期，厭倦小妹堅持每天收拾房間。她只是盡了少許努力，竟然結出這麼多果實呢！

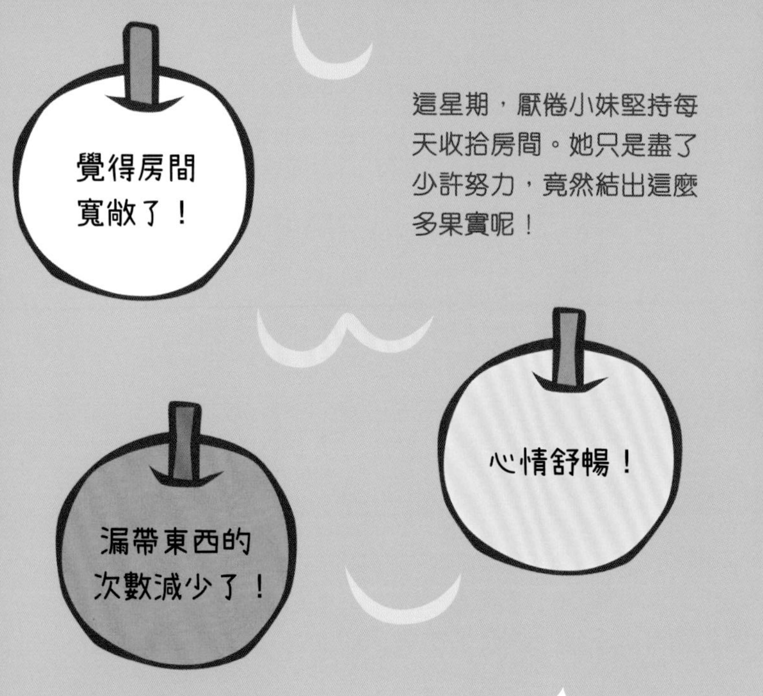
覺得房間寬敞了！
心情舒暢！
漏帶東西的次數減少了！

整理之樹

你已經連續1星期去做這件新的事情了，看來有好好堅持呢！來到這一階段，不如重新檢視一下自己跟開始前相比有什麼變化。

你可以從自己的心情或家人的表現有沒有改變，或是有沒有發生什麼意想不到的好事去思考。無論是大或小的變化也可以，請全部寫出來吧！

身處房間能夠
平靜下來。
遺失物件的
次數減少了！
找到丟失了
的擦膠！
可以邀請朋友
來玩耍！
想用的東西能
馬上找到！
媽媽稱讚我呢！

通往大目標的道路或許仍然很漫長，可是當中有任何小改變的話，你一定能確切地感受到的！

不要錯過這些細微的變化，只要仔細覺察，就能成為支持你繼續努力下去的力量。今後，希望你也能定時檢視一番！

跨過「勉強期」後，就代表你可以
堅持下去了嗎？
接下來即將進入「堅定期」了，不
知道會有怎樣的困難等待着你呢？怎樣
才能夠戰勝呢？
讓我們一起來學習吧！

第3章

【堅定期】

為了堅持下去，來訂立計劃吧！

重新評估一天的分量

脫離最初一星期的「勉強期」，好不容易來到了「堅定期」。

當你對堅持下去更有信心後，便可以重新評估一天所做的分量是否符合程度。

舉例來說，起初你決定每天閱讀10分鐘，現在可以嘗試改為閱讀20分鐘；或是一開始收拾房間需時3天，現在可以試着花半天去完成。

是時候增加一天的分量了！
沙
沙
沙
只前進了一點點而已。
起點
拖拖拉拉

在「勉強期」的時候，大家每天都是以令人不太滿意的分量支撐住。

終點
不斷前進吧！
在「堅定期」期間需要
增加每天完成的分量，
努力向着目標進發！
跳
彈
跳
跳

雖然剛開始的時候相當困難，但到了現在的話，你一定可以做到的！

為了達成遠大的目標，你得重新評估每天要做到多少，勇敢踏出下一步！

擬定計劃是「堅定期」的關鍵

「那件事明明非做不可，我一不留神卻忘了去做！」

「本來打算閱讀圖書的，可是朋友突然來找我玩耍！」

「唉，無論如何也提不起勁……」

這些話是不是似曾相識呢？當你堅持了好一陣子後，是不是也有過類似的經歷？

一不留神鬼

這隻討厭鬼能夠暫時將你要做的事從記憶中刪除，待你恢復記憶時，可為時已晚了！

「算啦魷魚」率領一班討厭鬼來侵襲！認真小子要透過擬訂「計劃」，以避開他們的攻擊！

失去幹勁鬼

這隻討厭鬼會悄然無聲地接近，不知不覺吸走你做事的幹勁。他來拜訪的話，有時會待很久。

打亂計劃鬼

這隻討厭鬼會突然出現，破壞你的計劃。他們總是伴隨着朋友的邀請，或突如其來的事情一同出現。

這些時候，如果你嚷着「唉呀……我竟然做不到，真的很失望，不想再理了！」的話，自然會想放棄一直堅持的事情，那就等於掉入「堅定期」的圈套！

為了克服這個陷阱，你有必要擬訂計劃，才能成功跨越「堅定期」。

「計劃」有很多種，你得試着去設定一些自己可以做到的方案。

設定固定的時間和流程

決定每天做的時間是克服「堅定期」的其中一個方法。

在決定的時候，相比起定下清晰的時間，倒不如在平日的流程中加入新計劃，例如可安排在「早上起牀後，刷牙洗臉前」等。

習慣了以後，每當你睡醒時，就會知道自己接着要做早操，而身體也會自動自覺行動

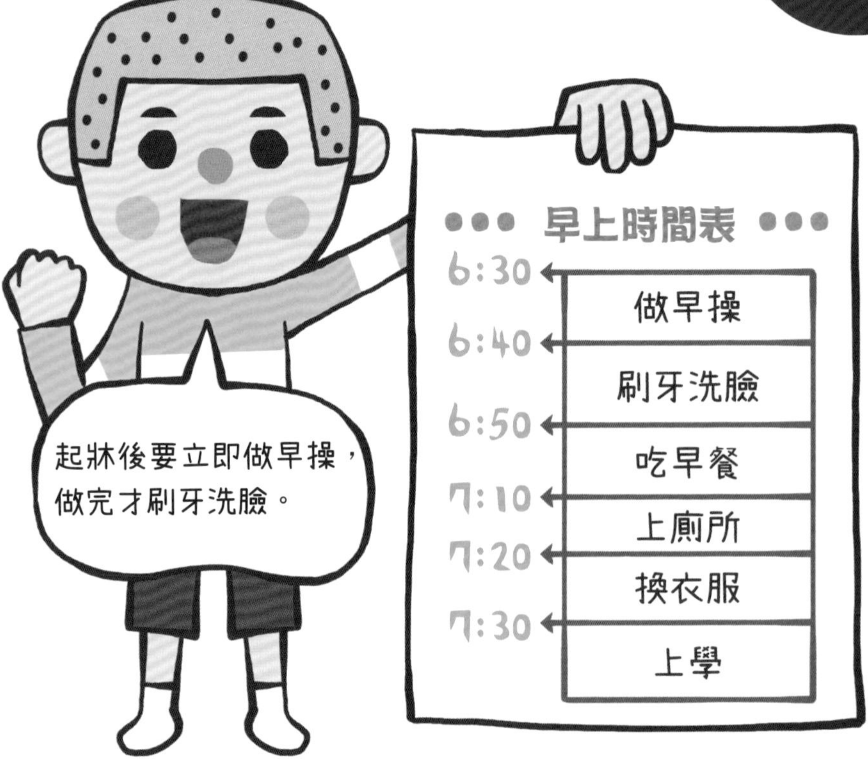
起牀後要立即做早操，做完才刷牙洗臉。
早上時間表
6:30
做早操
6:40
刷牙洗臉
6:50
吃早餐
7:10
上廁所
7:20
換衣服
7:30
上學

起來！這樣你就不用特意設定時間，來做這些一不留神便會忘掉的事情。請謹記固定的時間和流程，能讓你更容易堅持下去呢！

溫柔小子決定在「早上起牀後，刷牙洗臉前」做早操。過了一段日子，如果他沒有做早操，就會覺得「跟平常有點不一樣呢」。

為不同的事情設定「指定地點」

厭倦小妹為各種事情設定「指定地點」，例如於學校回家途中到圖書館温習，在鋼琴房練習彈鋼琴，在陽台的吊牀上休息等。

想一想，你每天晚上會在哪裏吃飯？通常都是在同一個地方吧？此外，當你外出回家後要洗手，或是晚上要睡覺時，是不是也會前往特定的地點？

同樣道理，堅持的事情最好也在「指定地點」做。比如要溫習的話，就在圖書館裏；想練習踢足球，就到公園去。

只要預先決定好「指定地點」，每當你走到那個地方，內心就會出現變化，產生「來吧！開始行動！」的心情。

在不同地方做不同的事情，容易轉換心情，而且令每個時段都倍添充實！

試着把房間劃分為不同的區域！

千萬不要做以下的事情呀！

❶ 由別人替你決定地點

若由別人替你決定，你未必會跟從。請自己下決定，切實執行吧！

❷ 在指定地點做其他事情

❸ 放置不相關的東西

要令身體記得這裏是做〇〇的地方，就是不要在此做任何〇〇以外的事情。

如果將不相關的東西放在視線範圍內，很容易會令你分心，使你想做其他事情。

假如你覺得難以尋找「指定地點」，那就建議大家將一個房間劃分為不同的區域。

劃分時請注意以下規則：不要讓別人替你決定、不做其他的事，以及不放置不相關的東西。

這樣的話，身體會比較容易記住在這個地方該做什麼事情。而當你移動至指定區域，你便會主動開始做自己要做的事了。

擺脫一切麻煩！

假如你決定了「每日閱讀圖書」，卻把要讀的書放在上鎖的書櫃裏，那麼每天要去拿出來不是有點麻煩嗎？

除掉這些麻煩，也是擬定計劃的秘訣啊！

以看書為例，你可以將書預先放進書包裏，想閱讀時就可以很快讀到；若有指定閱讀地點的話，也可以把書放置在

將書本放進書包裏，在巴士上也能輕鬆地拿出來讀呢！

那裏呢！請想像一下自己想做便做的情況，再花些心思去準備吧！

將日記簿放在書桌上面，就能輕鬆地取下來寫日記！

將跳繩和球鞋放在庭院旁邊，就能輕鬆地到庭院練習了！

認真小子在思考要怎樣做才能快速展開行動，還想到了一些撇除「麻煩」的方法呢！

請熱切期待「小小獎勵」！

堅持久了，無論是誰都總會有「不知為何提不起勁」的日子。這些時候，給自己一些小獎勵就可以跨越這個難關！

注意這個小獎勵並不是待你提不起

第1日
加油！
第2日
第3日
第4
第5日
第6日
第7日
雪糕
第8日
9日

温柔小子決定堅持跑步1星期的話，就可以在吃早餐時多吃1份甜品作為獎勵。

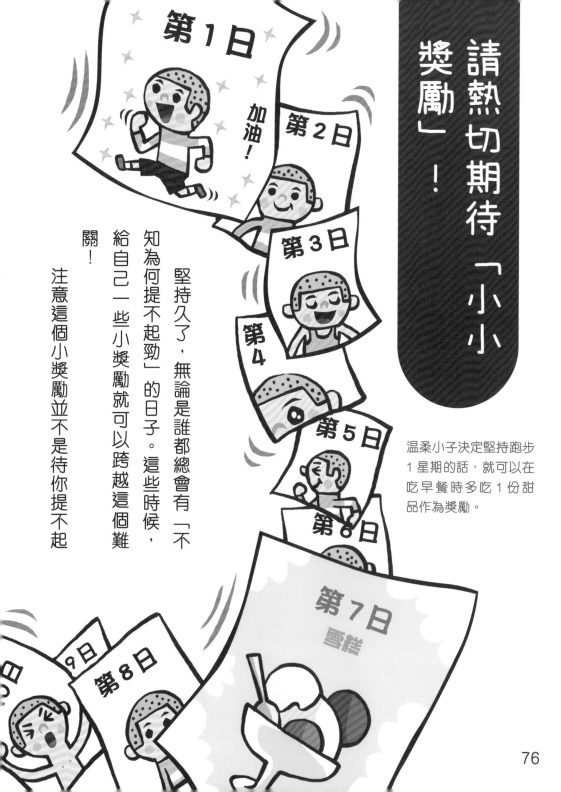

第21日
雜果賓治
第24日

勁的時候才去想，而是在擬定計劃時預先決定好，並具體地設定限期和內容。

還要提提你，在安排小獎勵時不要選太過奢華的東西，這才能長久堅持下去。（別讓錢包比你先撐不下去！）

請想像一下，當你得到小獎勵時那興奮的心情吧！這份期待可以轉化為鍥而不捨的精神，令你繼續努力！

第18日
第17日
第16日
第15日

第14日
布甸
3日
第12日

以「特別獎勵」去克服低潮！

雖然你清楚知道非做不可，但就是怎麼也提不起勁，有時還會覺得繼續下去也不會成功。如果這種想法持續了一段日子，那表示你現在處於低潮。

這些時候，不妨給自己一些特別獎勵吧！

其實，陷入低潮正是你努力的證明。如果怪責自己的話，只會讓人陷得更深！

無法提高紀錄……
不想再跑了……
嗚嗚嗚
莫非我陷入了低潮？

温柔小子最初能夠提高紀錄，但最近停滯不前，結果他慢慢變得討厭跑步。

相比起在低潮中沉淪，你更應該下定決心做些一直想做的事，好像和朋友盡情玩耍，去看想看很久的電影等。把「非做不可」的想法拋諸腦後，好好享受愉快的時光。這就是克服低潮的秘訣！在不知不覺間，消沉的感覺便會漸漸消散。

不過，假如經常出現低潮的話，那就可能需要重新評估一下你的目標，以及你堅持的內容了。

似乎是我想太多了！
前進吧！

温柔小子暫時放棄跑步，在公園盡情玩樂一番。這讓他重拾「跑步使人快樂」的心情，脫離了低潮呢！

來發表「懲罰遊戲」的宣言！

宣言
懲罰遊戲
偷懶沒練習跳繩的話，就要把茶點分一半給妹妹！
小小獎勵
乖乖做到的話，就可以得到家人的稱讚。

決定了堅持下去的「小小獎勵」後，不妨預先決定做不到時的「懲罰遊戲」。

誰都渴望獲得獎勵，也會厭惡去做自己討厭的事情。如果好好善用這些心理的話，就能掌控堅持下去的動力了！

認真小子約定好沒練習跳繩的話，就要把茶點分一半給妹妹。因為討厭把茶點分給別人，所以他的態度改變了，決定絕對不會再偷懶！

將一些「打從心底討厭的事情」定為懲罰遊戲，能夠激發你的鬥志，令你不得不努力一點。相比起答應自己，跟其他人立下約定的效果會更好呢！

不知何時才等到
他偷懶呢……
加油！

堅持師姐提提你

將宣言寫下來公開示人！

- 將「懲罰遊戲」和「小小獎勵」的宣言寫在紙上，展示給家人和朋友。

- 一想到「大家都知道我的宣言，必須繼續努力」，就可以鼓勵自己奮鬥下去！

檢視一下進度！

登山途中若是看到「山腰」的路標，便會強烈感受到自己終於完成了一半路程，令幹勁隨即湧上！

厭倦小妹定下目標，決定要在暑假內游出200米的最遠距離紀錄。她將自己的游泳距離製成圖表，方便檢視進度，看看有沒有向着目標邁進。

目標是200米
現在的紀錄！
跟最初的紀錄比較一下，才發現現在原來那麼接近目標呢！
8 9 10 11 12 16 17

同樣道理，如在邁向目標期間獲得「原來已經進展到這裏了」的成功感，就能鼓勵自己繼續堅持下去！大家還能透過檢視進度，來確認一下跟目標的距離有沒有縮短呢！

這樣既可以回顧在「堅定期」達成的紀錄，又可以比較從「勉強期」直至現在的進展。建議你將發現到的變化寫下來，因為這些成果能讓堅持的動力源源不絕地湧現出來！

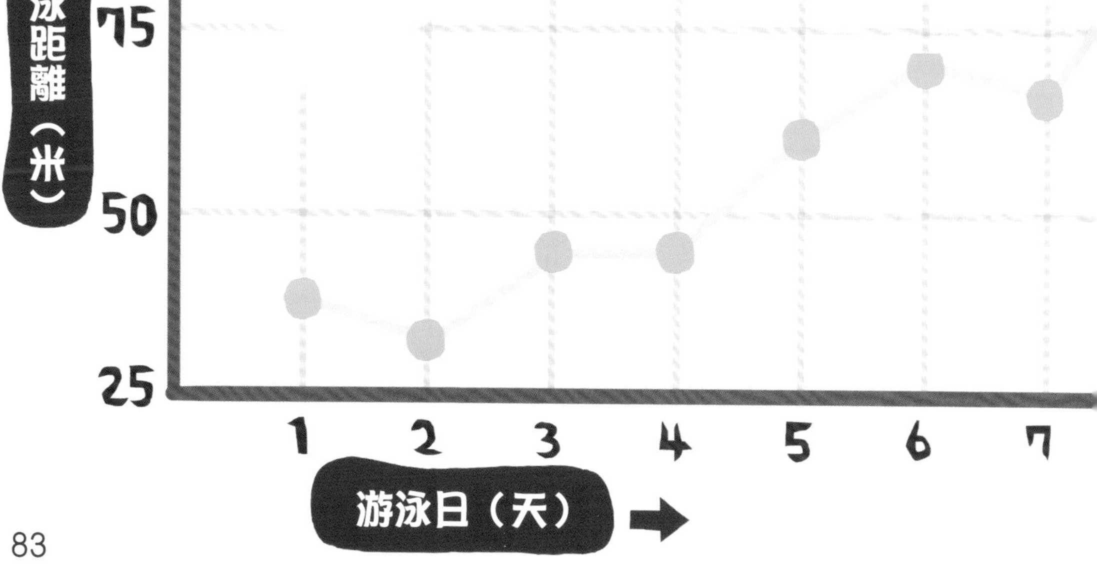

200
175
150
125
100
75
50
25
游泳距離（米）
1
2
3
4
5
6
7
游泳日（天）

設定讓行動不必中斷的「特別規則」

當計劃遭打亂了，相信不少人都會感到氣餒，甚至因而選擇偷懶。可是，一直堅持至今的行動若因為一次失誤而中斷的話，那就實在太可惜了！

這種時候，「特別規則」便能大派用場。

只要預先決定好一些「特別規則」，在緊急關頭也能冷靜地面對。接着的第二天，又可以帶着好心情堅持下去！

認真小子堅持天天跳繩，卻因傷風休息了一天。他為自己未能撐下去感到十分失望，更失去了幹勁！

特別規則

不留神忘記了的時候

在想起來時補回！
如果當天沒有想起來，就在另一天做兩次，或分開幾日補做也可以。

身體狀況欠佳的時候

不用勉強自己，應好好休息，養足精神。待康復後，才回復往常的計劃。

上課的日子

將分量減半。

朋友突然來玩耍的時候

將分量減半。

下雨的時候

改在另一天進行，如那天也下雨的話，就休息一天。

開始動手就會鼓起幹勁

對於那些要花很長時間才肯動手的人，有一種神秘的「魔法」可以幫助他們。

這魔法相當簡單！就是使用「開始只做一點點」的咒語。

温柔小子的魔法
温柔小子決定了每天寫日記，可是他今日總是提不起勁。
1
寫日記真的很麻煩呀……
2
只寫 1 行吧。
呼

他翻開日記簿本來打算只寫 1 行，
可是一旦寫起來，就充滿了幹勁！

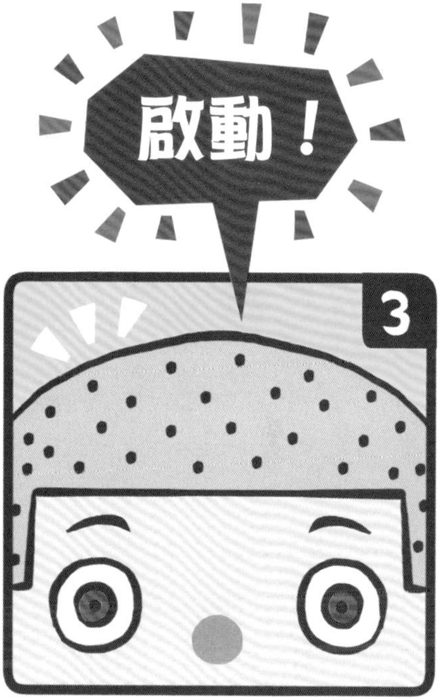

你是不是覺得要先鼓起幹勁，才能動手開始做呢？可是，次序其實是倒轉了。所謂「幹勁」，是由你實際開始行動那刻才會產生的！

假如是寫日記或作文，首先得寫出第1行；假如是練習足球的話，就首先去踢一下足球吧！

這樣的話，你的大腦就會動起來，幹勁也會自自然然地湧出來。

設定啓動開關的方式！

温柔小子啟動開關的方式，就是在做早操前喝 1 杯水。
我是這樣啟動開關的！
啟動

我啟動開關的方式是這樣！
呼呼
只要來回轉動胳膊，厭倦小妹便會啟動開關。現在，她要帶小狗去散步了！
轉
轉轉
啟動
太好了！厭倦小妹的散步開關啟動了！

為了讓自己順利開始行動，決定好啟動開關的方式相當重要。

「啟動開關的方式」是指在動手前固定要做的事情。

當你每次開始前都做相同的事情，身體自然會記得這個方式是展開行動的信號。久而久之，你就能夠自動自覺動手做了。

在你提不起勁的時候，這個開關也可以幫你打起精神來！

堅持師姐會先整理好頭髮，才開始練習網球。

認真小子在寫日記前，一定要刨好鉛筆。

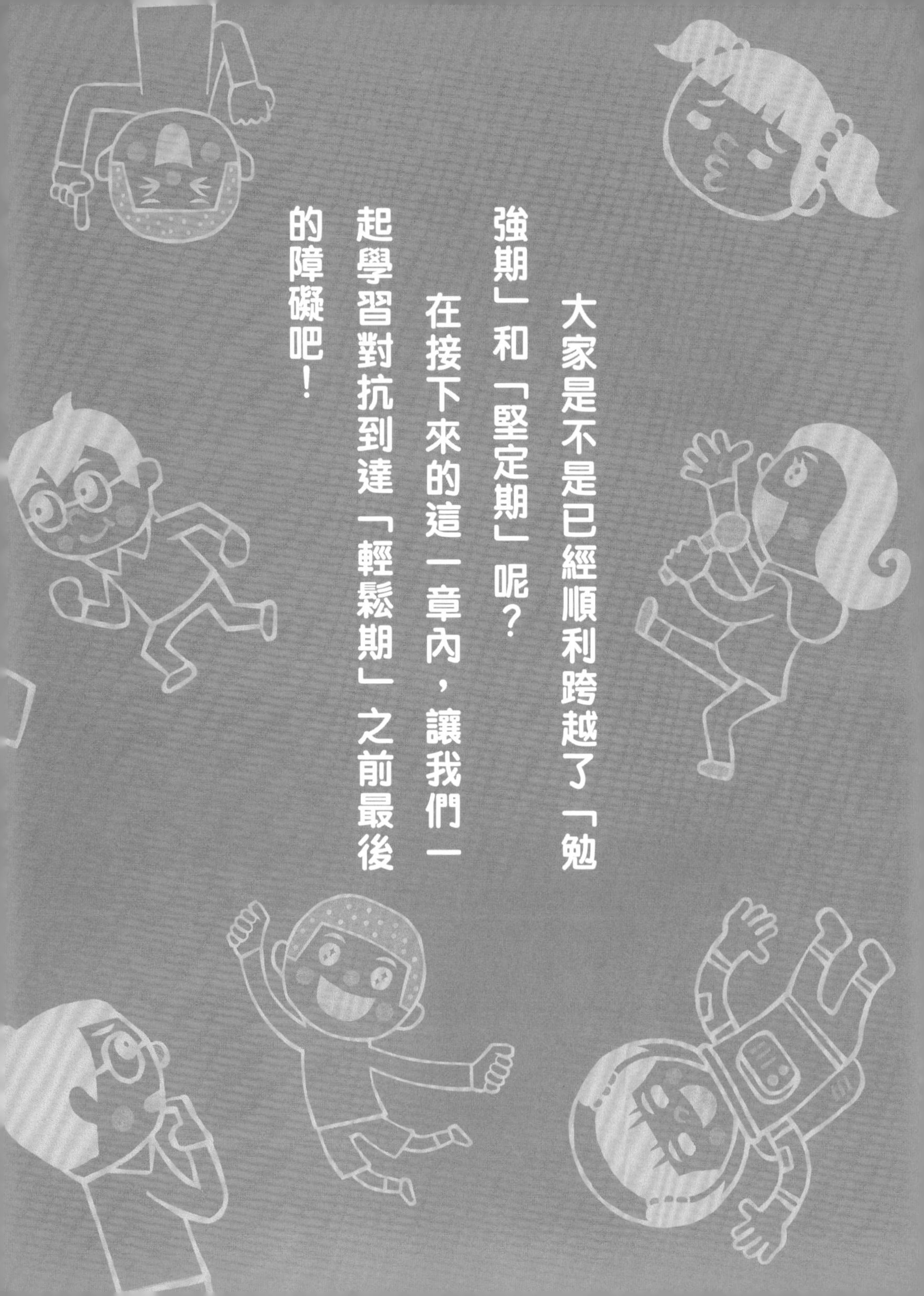

大家是不是已經順利跨越了「勉強期」和「堅定期」呢？

在接下來的這一章內，讓我們一起學習對抗到達「輕鬆期」之前最後的障礙吧！

第4章

【厭倦期】克服最後的障礙吧！

控制一下厭倦的感覺

厭倦小妹堅持了大約半個月後，內心湧現了煩悶的情緒。

任何進入「厭倦期」的人，都會有以下的感覺：

「已經厭倦起來了……」

「覺得很無聊，已經無法滿足我。」

「堅持下去真的有意義嗎？」

這些想法全是等着考驗你的最後障礙！但你不用擔心，只差一點點就到達「輕鬆期」了！一直努力至今的你，何不

幹勁減少……

每天都重複做相同的事情，完全忘記了當初的新鮮感。

騷擾你～
滿足不了我，真沒趣……
黏住
算啦
算啦
算啦
算啦
沮喪
堅持下去到底是為了什麼？

厭倦小妹感到很迷茫，找不到堅持下去的意義。她內心湧出煩悶的感覺，必須儘快想辦法解決才行呀！

盡力跨過這個障礙呢？為了幫助你跨越「厭倦期」，我們會在這一章裏學習如何控制厭倦的感覺！

隨着變化重拾心情！

幹勁增加！

厭倦小妹在綠油油的草坪斜坡散步，邊走邊看路上的花朵。她欣賞着沿路的風景變化，內心湧起了興奮的感覺！

咦！這條路的風景不同了呢！
噢～
很刺眼～

各種興奮的心情令厭倦小妹再次重拾幹勁！
在不同風景的路上散步真開心！
很興奮呀！我充滿幹勁了！
厭倦小妹踏着輕快的步伐，不斷往前走呢！

究竟怎樣才能控制住厭倦的心情？那就是要有「變化」！

即使不斷在做同一件事，若能從中發現一點點變化，仍能夠讓人重拾興奮和期待的心情。

雖說要有變化，但是沒必要為此改變自己的行動。只要花點心思，便能喚起新鮮感，使你重拾幹勁，恢復動力！

加入一點玩樂的心情！

○月○日　晴
今天是學校的課堂參觀日。
老師十分緊張，
整個人都變得很僵硬。
他在課堂上接二連三說錯話，
我努力按捺住，
老師
啊！哈哈！

為了重拾興奮的心情，首要的就是加入一點玩樂的心情。

舉例來說，當你對寫日記開始感到厭倦時，不妨加些插圖，例如：貼貼紙、貼相片，或用顏色筆隨意塗鴉等，總之想辦法為要做的事情添加樂趣！

〞俺小妹竟然
大聲笑了出來！

其他事情也一樣，假如你開始厭倦收拾房間，不妨用喜歡的圖畫或照片去裝飾房間；當你開始厭倦跑步的話，那就更改跑步路線，跑到還未去過的地方探險！

請你發揮創意，盡情構思令自己興奮的新主意，然後帶着玩樂的心情去嘗試吧！

我在日記裏畫下了老師有趣的模樣！

認真小子之前對寫日記感到厭倦，於是他在日記中加入最喜歡的塗鴉。從此以後，他每天都十分期待寫日記呢！

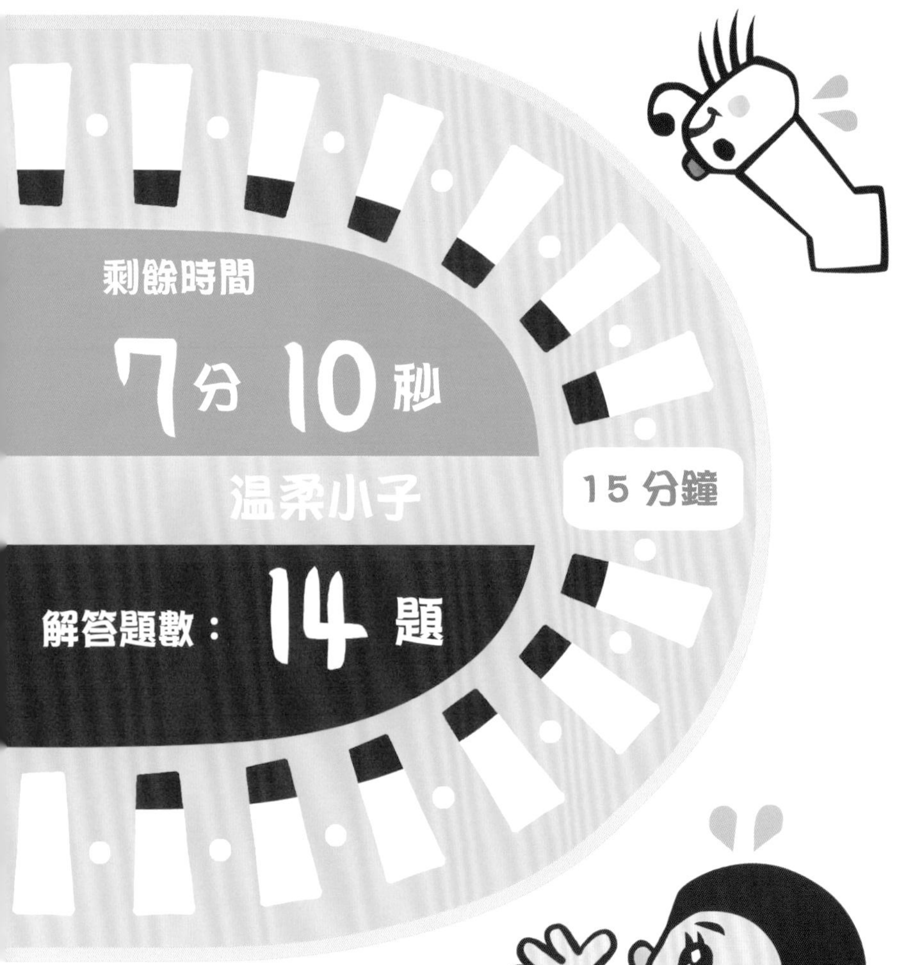
剩餘時間
7分10秒
溫柔小子
15分鐘
解答題數：14題

把堅持的事情當成遊戲！

尚餘7分鐘，他能否刷新紀錄呢？

對於「玩遊戲機玩多久也不會厭倦」的人，建議你下定決心，將堅持要做的事情當作遊戲！

假如你決定了每天做補

温柔小子決定以「每天 20 分鐘」挑戰可做多少題數學練習題呢！

充練習的話，那就不妨來一場「每天20分鐘」的限時挑戰賽，測試自己在20分鐘內能夠解答多少道題目。

你可以跟昨天的紀錄競賽，激發出無窮鬥志！甚至可以用抽籤的形式去決定做哪一頁，令整場挑戰賽更加緊張刺激！

只要稍微花點心思，就能把「平凡的事情」變成驚險萬分的遊戲了！

偶爾變換一下「指定地點」

一樣的地方，平常的功課

厭倦小妹在常去的圖書館做天天都做的功課，漸漸感到厭倦起來。

在「勉強期」的時候，設定「指定地點」能夠成為堅持下去的動力。相反，進入了「厭倦期」後，建議大家要偶爾變換一下地方。

運動會當日明明吃着跟平日一樣的食物，但在外頭吃飯卻覺得特別美味。

轉換地點做功課！

嘗試轉換地點，改在公園做功課。咦？總覺得比平時做功課更有趣呢！

堅持師姐提提你

推薦更換使用的物品！

- 如果難以轉換地點的話，變換一下工具也不錯呀！

- 使用新的日記簿，改為用自己喜歡的小夾子，或將鞋帶換成自己喜歡的顏色……只要花些心思，就能帶來新鮮感呢！

這證明了待在跟平時不同的地方做平常的事情可以刺激腦部，從而獲得新鮮和興奮的感覺。

當你改在別的地方做堅持的事情，除了讓你欣喜雀躍外，想必能帶來煥然一新的效果。大家也來試試吧！

從志同道合的朋友身上獲得力量

一個人堅持可能會感到厭倦，但有朋友相伴的話，就能獲得力量呀！

明年我要挑戰登上那座山！
我不會敗給你的！
真厲害！令人充滿憧憬呢！
太好了，原來不止我這樣想。
我累了……連一步也走不動了！

温柔小子跟朋友一起登山。雖然未登上山頂已筋疲力盡，但可以和大家談天，總覺得有股動力湧出來呢！
加油呀！我已征服了那座山多次，從山頂眺望的景色真是很壯觀！

疲累的時候，單是有可以互相訴說「很累了」的伙伴，就覺得有人支撐着自己，讓人不禁打起精神來！

如果懷着「不想敗給那個人」的頑強意志，更加能產生動力！

除了志同道合的人外，你還可以跟自己欣賞的人做朋友。當你憧憬着那個朋友，想成為像他那樣的人，那將會變成推動你前進的力量呢！

試着挑戰一些稍微困難的事情

在「勉強期」期間不太順利的話，通常會將想做的事情拆成一小步、一小步去實行。可是，當初覺得困難的事情，在堅持好一陣子後或許會變得輕鬆起來，甚至令你覺得「滿足不了我」或「真無聊」呢！

當你進入了「厭倦期」，不妨勇敢地跨出一大步，來個大轉變吧！

嗯，總覺得不
太滿意……
一看即懂
兒童名著系列
算啦

認真小子每天都堅持閱讀圖書，
可是他總覺得內容有點沒趣呢！

雖然內容有點艱深，但是超級有趣呢！
投降了
超厲害！
天才學者傳記系列

高
程度
低

於是，認真小子決定挑戰他一直想看那本厚厚的書。雖然要花較多時間來看，但書中的內容十分吸引，使他能充分享受閱讀的樂趣。

「現在還不行，但總有一天想挑戰看看。」你是不是曾經有過這樣的想法呢？如果有的話，也許現在能夠順利做到呢！

試着挑戰一些稍微困難的事情，足以燃起你內心那團火，讓你鼓足幹勁啊！

朝着下一個目標進發！

經常有人說：「當快要達成目標時，就會漸漸失去動力。」這或許是因為精神開始鬆懈下來吧！這種時候，不如來設定下一個目標吧！

!!!
如果能在鋼琴發布會順利演奏，下一個目標就是拜託堅持師姐跟我合奏！

厭倦小妹
目標的前方

假如你想徹底達成現在的目標，那就必須清楚知道在目標的前方，還有更加美好的未來等待着你。如是者，你便沒有任何鬆懈的餘地了。

將下一個目標化成力量，向前方進發吧！

厭倦小妹決定跟堅持師姐來一曲鋼琴與小提琴合奏。為了達成這個目標，她眼下不得不努力練習。

不要認定「什麼都做不來」！

雖然溫柔小子堅持每天跑步，可是他在地區馬拉松大賽的排名卻下降了。

得不到預期的結果，也會令你對堅持的事情感到厭倦。這時，你也許會覺得自己是個失敗的人，甚至認為以後也不可能成功了，然後自顧自沉淪在這種鬱悶的心情裏。

可是，請等一等！

在認定自己「什麼都做不來」之前，試試回想曾經順利做到和做不到的事情，並在紙上寫下來吧。

無論是誰也會有想不開的時候，當人們開始鑽牛角尖，就不禁懷疑自己沒有能力做到。這時只要客觀地寫下來，就會發現做不到的事情只是「一小部分」而已，並不是「全部」啊！

當你擺脫了這種壞情緒，就能看清自己失敗的原因，從而找出解決方法。總而言之，請你記住世上不會有「什麼都做不來」這回事！

溫柔小子將想到的事情全部寫下來，他發現自己不是只有做不來的事情呢！

重新評估邁向大目標的道路！

成功跨越「勉強期」和「堅定期」的你應該能夠不時審視成果，調整適合自己的分量和方法。

來到最後的「厭倦期」，重新評估自己是不是跟大目標越來越接近可說相當重要。

步驟❶ 擬定計劃

首先決定好大目標，然後思考一下自己要做些什麼，再擬定具體的計劃吧！

堅持師姐
提提你
重複這
三步曲吧！

只要不斷重複這 3 個步驟：
❶ 擬定計劃 → ❷ 付諸實行 → ❸ 重新評估，便會越來越接近大目標！

步驟 ❸ 重新評估

嗯嗯

比較一下結果和目標，檢視一下是否適宜繼續堅持下去。

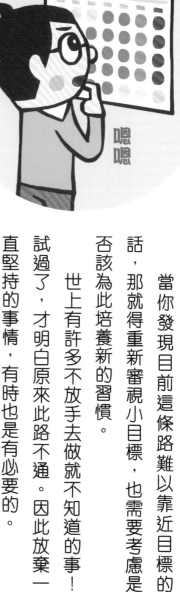

步驟 ❷ 付諸實行

嘍
嘍
嘩嘩嘩嘩嘩！

其次，將計劃付諸實行，並堅持一段日子。

當你發現目前這條路難以靠近目標的話，那就得重新審視小目標，也需要考慮是否該為此培養新的習慣。

世上有許多不放手去做就不知道的事！試過了，才明白原來此路不通。因此放棄一直堅持的事情，有時也是有必要的。

沒關係，延遲了就修訂計劃！

假如因為身體不適，令原定的計劃延遲了，那該怎麼辦呢？

認真的人或許會想在未來一星期內追回進度，可是這樣做會很辛苦！假設這星期真的完成不了，事情又會一再延誤。

相比起沒完沒了地追趕進度，倒不如在出現延誤的時候，便將再次開始的日子當作新起點，下決心重新修訂計劃吧！

這樣做就不用費煞思量來不及完成的問題，更是讓人重拾新鮮感的好機會呢！

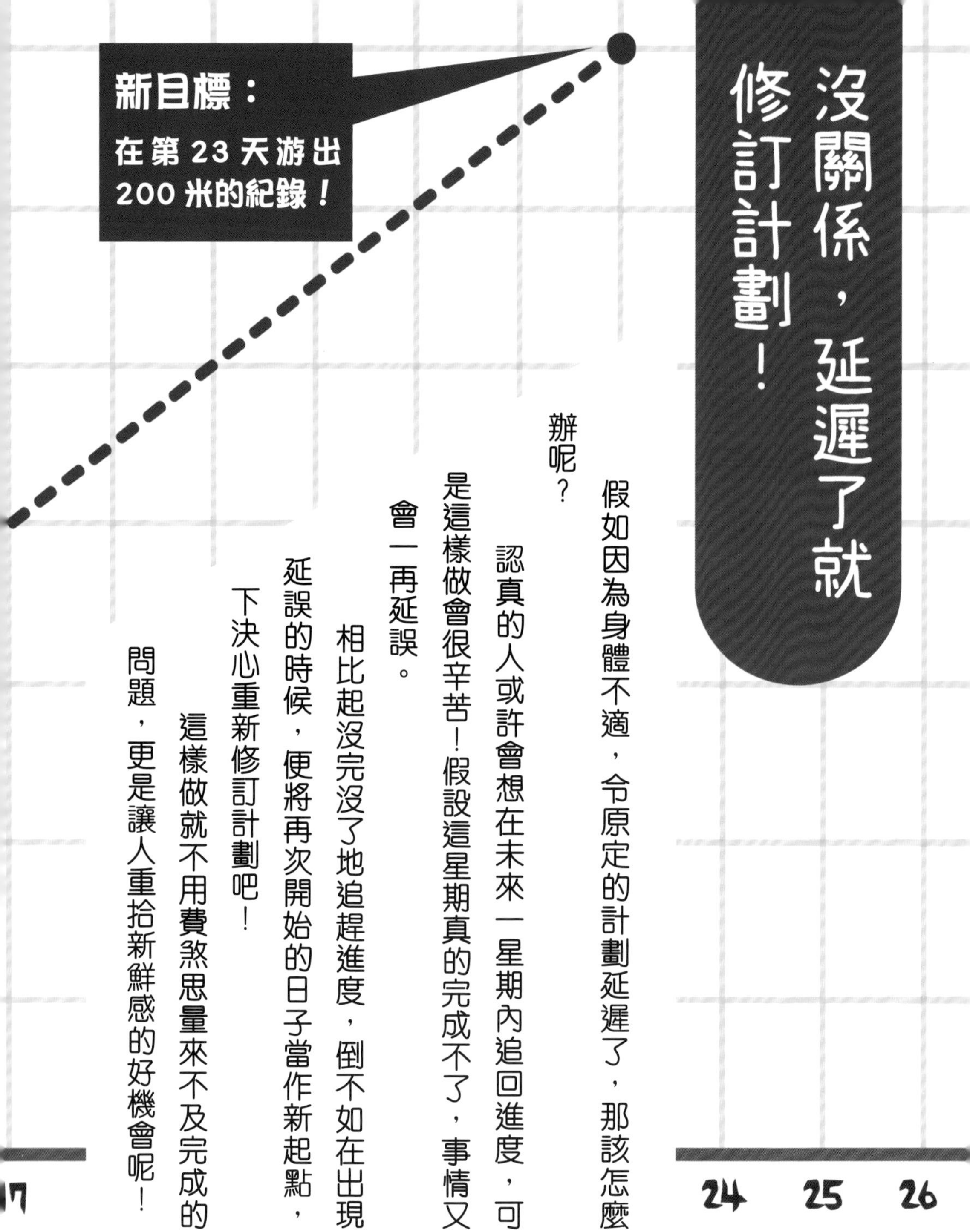

新目標：
在第 23 天游出 200 米的紀錄！
17
24
25
26

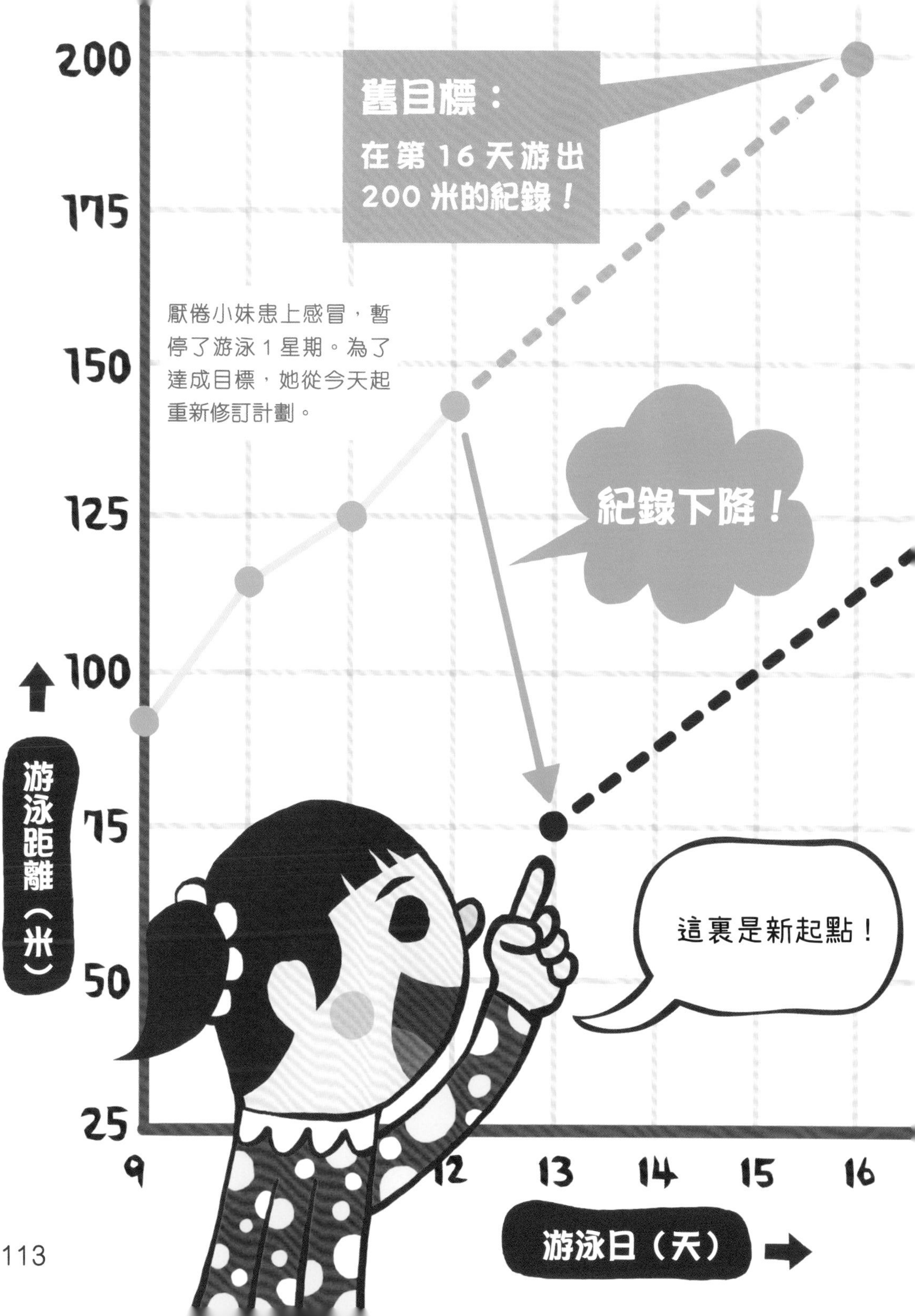
200
175
150
125
100
75
50
25
舊目標：
在第 16 天游出 200 米的紀錄！
厭倦小妹患上感冒，暫停了游泳 1 星期。為了達成目標，她從今天起重新修訂計劃。
紀錄下降！
這裏是新起點！
游泳距離（米）
9
12
13
14
15
16
游泳日（天）

只跟過往的自己比較

上個月的自己

在開始做數學補充練習前，溫柔小子對老師在課堂講解的內容一知半解。有不明白的地方只放任不管，使測驗的成績慘不忍睹。

通往目標的道路相當漫長，今天踏出的一小步看來微不足道，或許會令你覺得不太踏實。這時，你若是與其他人比較，肯定會焦急起來。

其實你不用為未來而擔心，也不必跟別人比較。要比，就跟一直以來的自己作比較吧！

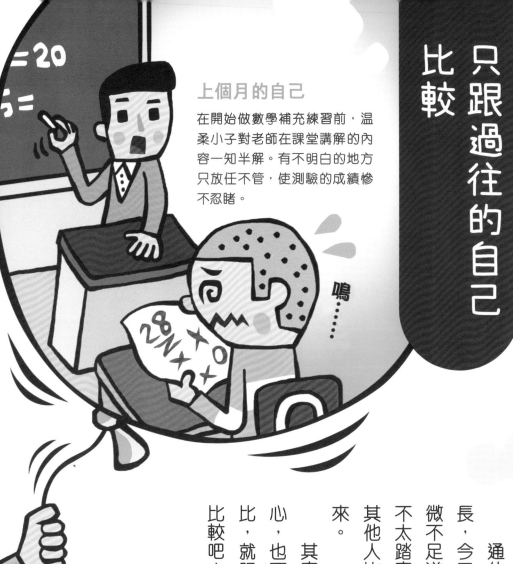

現在的自己

温柔小子今天終於做完一本數學補充練習了！他的自信心增強了不少，上課時有不明白的地方會勇敢地提問，也能夠理解學習內容。

最重要的是看看自己，在這段日子裏有沒有進步。即使是一小步，只要你沒有停下腳步，一直向着標竿直跑，一定會越來越靠近終點的。

計劃下一個養成的習慣

認輸了～～
做起來完全不覺辛苦呢！

當你不做那件事會感到不自在的話，就證明你即將到達「輕鬆期」了，這代表你已經把一直以來堅持的事情養成習慣啦！

來跟大家分享一下，你到底養成了怎麼樣的習慣？現在的自己跟之前又有什麼不同呢？

這次我想進一步鍛煉身體！

之後開始做些什麼好呢？

其實，「輕鬆期」同時是培養另一個習慣的好時機！假如第一個習慣是鍛煉身體，那麼下一個習慣可以是訓練頭腦，這樣就可以全面地磨練自己了！

在此希望你能堅持良好的習慣，活出自我，將來長成出色的大人！

現在的你在心中描繪着怎樣的夢想？
是令人興奮、期待又快樂的美夢？還是使眾人大吃一驚的偉大理想？

到底要走上怎樣的道路，才能靠近那個夢想呢？

為了達成夢想，又該堅持做些什麼好？

在這段日子，相信你已經學習了不少堅持下去的技巧。

你看！

書中那3個小孩也一邊嘗試實踐不同的技巧，一邊努力靠近自己的目標呢！

1 - 2 3 - 4
終有一天我會登上那座山，現在首要是鍛煉好身體！

當然，無論是誰都會有做事不順利的時候，或許大家也試過在堅持期間中途放棄。

可是不要緊呀！無論在什麼時候，不管試過多少遍，仍然可以開始堅持啊！

跌倒了也沒關係，最重要的是願意再接再厲地挑戰！當你不斷失敗又反覆挑戰，終究會找到適合自己的事情和方法的。

你究竟為了什麼而堅持下去？
大概是要讓現在的你把「夢想的接力棒」遞給未來的自己吧！
細細一聽，彷彿可以聽到自己在將來打氣的聲音呢！

謝謝你一直以來的堅持！
好，那就來為未來的你，開始去「堅持」吧！

後記

看了這本書後，你是不是學習了很多訓練毅力的技巧？覺得怎麼樣呢？

「原來我無法堅持下去是跟性格有關係！」

「雖然我做事經常3分鐘熱度，但是成功跨越『勉強期』後就能堅持下去呢！」

如果你有類似以上的感覺，就證明你已經成長了！現在請你維持着這個狀態，繼續前進吧！

相信大家都知道隨着堅持做的事情不斷增加，終會獲得理想的成果！（第32至33頁）還學到應好好組合想培養的習慣，令自己能夠全面發展。（第116至

117頁）關於這兩點，請容我在此更具體地講解一下。

以「閱讀」和「跑步」兩個習慣為例，兩者看似毫無關係，可是增強體力可以提升記憶力和集中力。那就是說，當你跑步越多，體力越強的話，閱讀圖書、掌握和記住內容的速度也會越高。習慣與習慣之間能夠這樣相輔相成，並在不知不覺中讓大家茁壯成長！

如果你已經清楚知道自己的目標，不妨跟身邊的大人商量一下，該為此養成一些怎樣的習慣。

我祝願大家都能掌握堅持下去的秘訣，並在不久的將來抓住偉大的夢想和目標！

深谷圭助

正向性格修煉術

堅持下去就能實現夢想！

編　　著：深谷圭助
翻　　譯：杜穎琴
責任編輯：林沛暘
美術設計：鄭雅玲
出　　版：新雅文化事業有限公司
香港英皇道 499 號北角工業大廈 18 樓
電話：(852) 2138 7998
傳真：(852) 2597 4003
網址：http://www.sunya.com.hk
電郵：marketing@sunya.com.hk
發　　行：香港聯合書刊物流有限公司
香港荃灣德士古道 220-248 號荃灣工業中心 16 樓
電話：(852) 2150 2100
傳真：(852) 2407 3062
電郵：info@suplogistics.com.hk
印　　刷：中華商務彩色印刷有限公司
香港新界大埔汀麗路 36 號
版　　次：二〇二〇年十二月初版
二〇二三年三月第二次印刷

ISBN: 978-962-08-7621-9
Translated from *MO NAGEDASANAI! TSUZUKERU CHIKARA*（もう投げださない！続けるチカラ）
supervised by Keisuke Fukaya

Original Japanese edition is published in 2020 by Nihon Tosho Center Co., Ltd.
This Traditional Chinese edition is published by arrangement with Nihon Tosho Center Co., Ltd., Tokyo in care of Tuttle-Mori Agency, Inc., Tokyo through Inbooker Cultural Development (Beijing) Co., Ltd., Beijing

18/F, North Point Industrial Building, 499 King’s Road, Hong Kong
Published in Hong Kong SAR, China
Printed in China